密教入門

聖なる道

密教入門
聖なる道編集委員会

日本密教文化社

密教入門　聖なる道

目次

一、序　文

密教入門といっても、これは弘法大師に創《は》じまるという「真言密教」の解説書でもなければ、また、チベットや印度等諸外国に現存するという密教を含めた「密教一般」についての入門書でもありません。

既存のいかなる教えとも現実的に無関係に、初めてこの日本に出現した新しい教え「神自らの教え」なる「大元密教《だいげんみっきょう》」の手引き書である事をまずお断りしておきます。

大元密教は「神自ら説く秘密の教え」であるだけに、教主小島大玄尊師の開眼《かいげん》立教の経緯《けいい》もまた、極めて神秘な現象をもって彩《いろど》られております。

尊師の御著「立教示帰《りっきょうしき》」に詳《つまび》らかなように、昭和二十七年十月十五日午後二時、尊師は偶然の様に導かれて或る霊能ある婦人の許に到り、対座中、両手が自然に動き出して慈悲説法印を結ばれ、しばらくして、次ぎに法界定印《ほっかいじょういん》即ち禅定印《ぜんじょういん》を結んで禅定《ぜんじょう》に入られると共に、「われ汝等を済度《さいど》せん」と宣言せられました。この間数分にしてもとの御自分に立ち帰られたのでありますが、この時、同座した神戸、布引山瀧勝寺《ぬのびきざんりゅうしょうじ》の住職東山諦恵《だいね》師もその婦人も、この結印禅定に入られた尊師の、金色燦然《さんぜん》として光り眩《まば》ゆいばかりの神秘壮厳なお姿を拝して、ただ有難さに感激の涙溢れさせつつ、思わず声もなく打ち伏して、合掌礼拝を繰り返すばかりでありました。

ちなみに、この婦人は二年六カ月前から「偉大な方が世を救う為に現われる」という神示を受け、またこの日から遡《さかのぼ》って四十日前からは、神により足止めをされて一歩も外に出して貰えず、ただこの日の来るのをお待ちしていたということでありました。

この開眼の日を境に、これまで五十余年の大半を実業人として過ごして来られた尊師の運命が大きく変ることになったのであります。

その後一年ほどして夜ごと数万の聴衆《ちょうしゅう》を前に、尊師が説法される現象が半年ほど続いたのですが、この現象は夢の様で夢でなく、寝言の様で寝言でなく、実に語調明瞭《ごちょうめいりょう》、論理整然《ろんりせいぜん》として、説く尊師とそれを聴く尊師が、別人の様な感じの中から教義が明示され、尊師御自身、まことに不思議とされたのでした。

しかしそれでも、尊師はまだ教えを説く確固たる信念と大きな自信が持てず躊躇《ちゅうちょ》されておられた時、ついに次のような神勅を蒙《こうむ》られたのであります。

「汝親も無く、子も無く、ただ無量なる汝あるを知れ。その無量即ち我なればなり。故に汝応化《おうげ》なり。依って我が教えの前に、帝王なく、高位高官無く、又富者貧者の区別無く、多くの門人を伴い万有を導く使命あるのみ、速かに結定《けつじょう》すべし」

ここにおいて尊師はいよいよ教えの座につく決心覚悟《かくご》を定められ、昭和二十九年八月十五日、曼荼羅（マンダラ）をかかげ立教を宣言せられたのであります。

その直後、尊師はまことに神秘にして神聖な境地を体験され、それを尊師自ら次の様に記しておられます。

「我れ禅定に入り、身は三昧《さんまい》に住し、涅槃会《ねはんえ》に入る。中央台座に静かに座し、即身成《そくしんじょう》仏《ぶつ》の極地たる神人一体の境に入りたり。この時諸々《もろもろ》の神々、仏菩薩静かに前に進み、一礼して左右両側に分れて列座す。二人の童子供物《くもつ》を捧げて我が前に現われ、飲食《おんじき》を供《そな》え三礼して退《さ》がる。その時、我が両眼より涙静かに垂《た》る。一人の神徐《おもむろ》に立ち、我が右眼より流るる涙を手に受け、宙《ちゅう》に散ずるに光を発して無数の珠玉《しゅぎょく》と化す。又一人の仏、同じく左眼より流るる涙を手に受け、宙に散ずるに華雨となる。この時大衆こぞってこれを手に受けて、或は口に吸い、或は顔に、或は体に塗りたるに、皆純白の宝珠光《ほうじゅこう》背《はい》を背負い、清浄無垢《せいじょうむく》なる姿と化したり。ここで一同合掌礼拝し終るや、遙かに鶏鳴《けいめい》聞こえ、梵鐘《ぼんしょう》の音につれ散会したり」と。

まことに美しい絵巻の様な有様で、不思議とも、有難いとも、凡俗の私共によく窺《うかが》い知ることの出来ない、尊師の御境地であります。

古来、偉大な宗教を開かれた、釈尊《しゃくそん》、イエス、弘法大師といった大聖者には幾多の神秘な物語がまつわり伝わっておりますが、神から離れることの遙かに遠い現代の大部分の人々には、すべて信じ難いものとして斥《しりぞ》けられ勝ちであります。今また、大玄尊師にかかわる数々の神秘現象についても、人々は同じ様に恐らく信じる事をしないでありましょう。

現代の人々は、「科学的」とか「合理的」という言葉を充分吟味することなく使い、神秘的現象や奇蹟的事象を、それをよく理解しようと努める前に、「非科学的」とか「不合理」と一言の下に否定し去る傾向があります。しかし考えて見れば、この大宇宙の森羅万象《しんらばんしょう》ことごとくが神秘でないものはなく、私達自分自身すら神秘そのものであります。科学はその神秘の極《ご》く一端を少しづつ解明してくれているに過ぎず、未だ解き得ない謎《なぞ》は無数であり、私達に秘《かく》された未知の世界は無限であります。

人々は迷信だ不合理だと嘲笑《あざわら》う前に、まず謙虚《けんきょ》にこの事を知って、神秘な現象や新しい奇蹟的事実に虚心に対処してゆくべきであります。

釈尊が阿含《あごん》、華厳《けごん》、方等《ほうとう》、般若《はんにゃ》の諸経に次いで最後に説かれたのが法華経《ほけきょう》でありますが、このお経には数多くの神秘な物語が含まれています。釈尊は、この法華経に示されている様な神秘世界（秘密世界）の教え（即ち密教）こそ、末法の世に人々を救うべき正法であると予言せられているのでありますが、大元密教《だいげんみっきょう》こそはまさしくこの予言の通り、この末法の世を救うに相応《ふさわ》しい教えとして出現したのであります。

即ち、人々は疑い深く、神仏を真に信仰する人はまことに少なく、また信仰するという人といえども、正しい信仰を知らない場合が多いのです。

この様な時、この教えによって創《はじ》められた「正座観法行（英訳 New Style Zen）」なる修行により、こうした人々も、自分自身の体験を通して事実を確めながら、いつか自ら神秘の数々に触れ、神の実在を確信出来て、神を正しく信仰出来る様になるのであります。のみならず、神を信じ神を知り得ることにより、真の己れを知り、己れの進むべき道を覚《さと》り、安心立命の境地に到るのであります。

その間、心身の機能が改善され、身病心患より解放され、さらには所願成就《しょがんじょうじゅ》、生業《せいぎょう》繁栄《はんえい》等とその功徳《くどく》は測り知れないものがありますが、この教えの目標とするところは、あくまで、御利益《ごりやく》主義信仰を排除し、人々がそれぞれ神の子の自覚に目覚め、人間としての完成を計り、真理を悟得して神人一体の境地に到ることであります。

かくて最終的には、地上に神の国が成就され、真に平和と繁栄の人類社会が築《きず》かれることを願うのであります。

二、大元密教《だいげんみっきょう》とは

神と人とのつながりを説く教え、或は人を神の世界に導く教え、これを宗教といいますが、宗教はこれを顕教《けんぎょう》と密教とに大きく分けることが出来ます。

顕教は、神の啓示《けいじ》による神の教えを人が説くのに反し、密教は、神の教えを神自ら教えるのでありますから、根本の教えは一つで変りありませんが、教えの系統は直接と間接だけの違いがあります。即ち「密教」は神が人に対し、他の人には秘密に、直接授ける教えという意味で、これを「密教」というのです。かくして神から直接うけた教えを、人が人に対し説く時、これを「顕教」といいます。従って、仏教でも基督《キリスト》教《きょう》でも回教《かいきょう》でも、それぞれの教祖が「密教」的に神より受けた教えを説いたのでありますから、すべて顕教の部に入ります。いわば、すべての顕教が初めは密教を土台にして出発したものであるといえます。

かつて（今から約千二百年の昔）、弘法大師が唐に留学して、密教の正統を伝える恵《けい》果阿闍梨《かあじゃり》から、その一切の教えを受け継いで、後に帰国して創立した真言宗は、密教の一つでありましたが、今はその真の流れも途絶《とだ》えて、最早、密教とはいえません。

日本に古くから伝わる古神道《こしんとう》も、昔は神から直接に教えを受けていた時代もありますから、密教といえたのでありますが、これもいつからか、その道は絶えて、徒《いたづ》らな祭事儀式だけが残っているに過ぎません。

「大元密教」は、既存のあらゆる宗教宗派を包含し、密教の正当な系譜を継ぐ教えとして、昭和二十七年十月十五日、教主小島大玄尊師の神秘体験を通しての突然の開眼をもってこの世に出現したものであります。

大玄尊師御自身は、それまで五十余年の大半を、宗教界とは無縁に、実業界に過ごして来られたのであり、何等宗教的修行の御経験もなく、その神秘な御力の扉を、いわば神の御手によって開かれたのでありますが、これこそ、末法なる今世において人類を救済すべき神の大いなる摂理によるものと解されましょう。

三、神と人

原始時代には、私達人類の祖先は、太陽や火や水、その他色々の自然現象を恐れ敬い、これを「神」として祀《まつ》ったのであります。この様な大自然の中の諸々《もろもろ》の力を「自然神」と称しても良いでしょう。しかし、これら自然神は直接私達人類に教えを説《と》くという様な事はありません。

では、「密教」で人に直接教えを説かれるという「神」とは、一体どういう存在でありましょうか。

その説明をするには、まず私達人間のことから始めねばなりません。

進化論によれば、地球上の人類は、他の生物から進化したものだといいますが、これは飽くまで一つの仮説に過ぎません。そしてこの後、人智がどれ程進んでも、人類の起源を人間が知ることは不可能といってよいでしょう。すくなくとも、人間の精神という複雑精緻《せいち》な働きが唯物論的に他の生物からの進化によって説明されることは、永久にあり得ないでしょう。

「大元密教」では、神の教えを通し、はっきりこの事を否定しています。この地上に出現した人類の祖先は、神霊とのつながりにおいて発生したのです。私達人間が、肉体だけでなく、それと表裏一体となって働く霊体をもつ、霊的存在であることを知るならば、その発生の源についても当然うなづけると思います。

事実、人間は本来霊的存在であり、この霊体これが本体ともいうべきもので、肉体は一時の仮の衣《ころも》の様なものなのです。この肉体は、私達の知る通り、何十年か経って老い古びて使いものにならなくなれば、そこに死という現象によって脱ぎ捨てられ、霊体は霊界にあってある期間待機した後、再び新しい肉体をもってこの世に生まれ変って参ります。この様に生まれ変り死に変りを幾十百千回と重ねて、人は人間としての体験を積み重ね、それ等の体験を通して修行し錬磨され、次第に人間としての完成に向かって向上して行くのです。

かくしてついに、神の世界で神たるに相応《ふさわ》しいと認められるまでに到った霊体が、神格を得ていわゆる「神」とよばれ、自然神と区別して人格神といわれます。

従って、人格神はいわば私達人間界の上位にあって、私達人間とも密接なつながりをもっており、時にまた肉体をもって神のまま人として人間界に活動するという例も沢山あるのです。ここに「人間とは神の子にして神たるべき資格を有する生物である」という定義を本教では致しています

そこで神界には自然神（自然そのままの力と智の働きかけるもの）と、人間界に幾十百千万回と多くの人間生活を経験し、人間界と大自然界を通しての体験により力づけ智慧《ちえ》づけられて、神格化された人格神とが同居しているのです。

私達人間界と交流し、私達を指導し教化し守護しているのは例外なく後者の人格神

であります。

この人格神の最高位の神にして、始めて人類創生以来のあらゆる体験を積み、大自然の中にある力と智のすべてを我が身につけ、かくて自然神と感応《かんのう》道交出来るのであります。即ち、最高位の人格神は大自然神なる根本神と表裏一体となって活動するのであり、この渾然《こんぜん》一体である根本大神を、本教では

大《だい》元《げん》太《たい》宗《そう》大《おお》神《がみ》

と称名尊崇《しょうみょうそんすう》し、主宰神《しゅさいしん》として奉斎《ほうさい》しております。

従って、大元太宗大神は自然神であると共に人格神でありますから、私達人間に法を説く事が出来るのです。

「神自らの教え」とは、この根本神なる大元太宗大神の説かれる教え、即ち、大自然に包蔵《ほうぞう》される一切の真理についての教えであります。

それならば「神自らの教え」は、大元密教の出現を俟《ま》つまでもなく、既に人類が普《あまね》く

享受《きょうじゅ》していなければならないではないかとの疑問が湧くことでありましょう。人間は条件と格位が備われば、稀にして縁ある人格神と感応道交することが出来「密教」的に神より教え受けたものを他に伝え説き、ここに顕教の出現を見たのですが、その教える人格神の格位の如何《いかん》により、教えとして不完全なものが殆《ほとん》どです。しかし大自然神と渾然《こんぜん》一体たるところの大人格神と、直接感応道交出来るかといえば、これはまず不可能です。まして根本神自らの教えに誰でも触れさすことなどは夢想だに出来ないことです。それでは如何にしてそれが可能になったかといえば「法は遍満するものではあるが、大正覚者を媒介としてのみ知り得るものである」理《ことわり》の通り、大正覚者即ち大人格神の人間界応現によってのみ可能なのであります。この応身である大人格神こそ密教教主であらせられ、包蔵せられる大自然神の智と力に触れ得るところの、史上初めて許された修行法が「正座観法行《せいざかんぽうぎょう》」であり、まことに重大事であります。

四、正座観法行《せいざかんぽうぎょう》

正座観法行とは、読んで字の如く、正座して法（実相、真理）を観ずる修行法の意で、この行法によって、真の己れを知り、神を知り、そして真理を知るのであります。そして観法行の最終目的は、悟りを開いて神と一体になることであります。

(イ) 行の実践

正座は必ずしも日本式の座法だけをいうのでなく、跏座《かざ》でも胡座《あぐら》でもよく、要は礼を失しない座り方であればよろしいのです。体の不自由な人は無理をせず楽な気持ちで座ればよいので、痛い脚を無理して座《すわ》る必要はありません。

（註、半跏座の場合は左脚の上に右脚をのせるのが正しく、逆は正座になりません。）

次に軽く手を合わす。そして目を閉《と》じる。これも力を入れて閉じる必要はありません。この正座すること、合掌すること、閉目《へいもく》すること、この三つが正座観法行の基本であり絶対条件であります。

特に閉目は重要で、眼を開いたなり合掌して見たところで精神統一は出来るものではありません。

目を閉じると、目を開《あ》けている時より以上に色々の事が浮かんでくるものです。これを雑念《ざつねん》といい、この雑念の湧いてくるために精神統一の邪魔になる様な気がしますが、決して気にすることなく、無理に忘れようと努める必要もなく、浮かぶままに放任すればよいのです。そして雑念が全部出尽くせば、後は雑念が消えてゆく段階に移り、一歩一歩、真我の境地に入って行くのであります。

(ロ) 行と現象

正座観法を行ずることによって色々な現象が生じます。百人百様、千人千態の現われがあって、各々その内容が異なります。

合掌した手が除々に解け、両手が左右に拡がり、或は上下に動き、時には平伏し、時には横転し、色々様々な動作による外面的な所作が生じますが、これは皆、行ずる人自身に繋《つな》がる因縁《いんねん》による業《ごう》の祓《はら》いでありミソギであります。

また、身に病のある人は、その病む箇所を治すための体操の様な動作をさせられ、時には横転し、自分の手で病む箇所を押さえ、叩き、或はさする等して治すのであります。従って、行中の身体の動きに対しては一切逆《さか》らわず、動く儘にまかせるといった気持ちが大切です。

この間、意識ははっきりしていて、周囲の物音も自分自身の動きもよく判っていながら、自分の意思を離れてこの様に動かされることに対し、始め誰しも不思議に感じることだろうと思います。しかし、これは決して催眠術《さいみんじゅつ》や自己催眠でもなく、何か怪しげな霊術を使うのでもありません。

教主尊師の神界に通ずる大きな御力により、行ずる人に縁の深い神々がそれぞれ指導に当たり、その人の霊体を通し肉体を動かしておられるのであります。

さらに行中の現象としては、色々の礼拝の形をさせられたり、仏画や仏像に見られる各種の「印《いん》」を結んだり、お祓いをしたり、時には自分で思って見たこともない言葉を口に出したり、習ったこともない何処の国の歌か分らない歌を唄わされたり、全く種々様々であります。

その中に、色彩テレビでも見る様に神秘世界の一端を行中に見る人もあり、肉声の様に神の声を聞き、また手で字を書かされ、或は自らの口を通し語らされて、神のお示しを受ける人もあり、中には心に声なき声として啓示をうける人もあります。

この様に色々の段階を経て行は進みますが、大きく分けると次の六つの段階に分けられます。

(1) 単純な霊性開発の段階
(2) 罪障消滅《ざいしょうしょうめつ》の段階
(3) 所願成就《しょがんじょうじゅ》の段階
(4) 真理探求《しんりたんきゅう》の段階
(5) 求道済度《ぐどうさいど》の段階
(6) 成道《じょうどう》不動の段階または無上菩提《ぼだい》安住の段階

即ち、最終的には悟りを開き、即身成仏《そくしんじょうぶつ》し、さらには、人にして神、神にして人なる神人一体の境地を体得するところまで行き得るのであります。

勿論、この最終段階に至るまでには長い時間を要するのでありますが、焦《あせ》ることなく気長く続けることであります。

(ハ)　行の功徳

正座観法行を師について正しく行うことにより、数々の功徳と申しますか御利益が与えられます。

肉体的には細胞組織《さいぼうそしき》の変化につれ皮膚は綺麗になり、内臓機能が変化し健康になります。即ち体質が改善されます。身病あればその病が治ります。精神的には機能が活発になり、物の考え方、行い方も違って来る様になり、性格までも変ります。心に患いのある人もその患いが癒《い》え、心身共に健康清浄な人間に改造されます。

さらに霊体の浄化が進むと共に、宿業《しゅくごう》は祓われ、悪い因縁は正され、霊格は向上します。

かくて人格と機能の完成を計ることにより、真理悟得の境地に入り、結果的に神格を賜わる様になるのであります。

この間、自らの病を治すだけでなく、他人の病気を治す加持力《かぢりき》や、神の姿を見、神の声を聞く天眼天耳《てんげんてんに》といった通力《つうりき》など、種々の神通力《じんつうりき》を受け、数々の神秘現象を体験する様にもなります。

また、行の進行に応じ境地の転換《てんかん》が起こり、それまで人間的努力ではなかなか出来なかった事がいとも容易に出来る様になるのは、これも行の功徳の一つでありましょう。

例えば、長い間の喫煙癖が一夜にしてなくなり、禁煙が何の努力もなしに出来たとか、晩酌のお酒の量が自然に適量に節せられる様になったり、飲酒が不要になったとか、自分の身体に悪い食物をこれも自然に食べ度くなくなって、食生活が改善させられたとか、或は精神的な面でも、物や金銭等に対する執着がなくなって心からの布施が出来る様になったとか、忍耐強くなったとか、その例を算えあげればきりがありません。

この様に正座観法を行ずることによって、私達は色々の形で如実に神により教えられ導かれ、かくて、所願成就、健康増進、福徳円満、生業繁栄等々と数々の御利益を得て、自己一身の救われることはもとより、さらに縁者並びにその周囲までも救われるのでありますから、まことにこの「行」の功徳は灼《あらたか》というべきでありましょう。

しかしながら、正座観法の真の功徳は、この様な、いわゆる御利益を得ることより、むしろ己れを知り、神を知り、己れのこの人生にて果たすべき使命を知って安心立命《あんしんりつめい》の境地を得ることにあるといえます。そして、最終的には、あくまで、人間としての完成を計り、神と一体になる事を目指して精進《しょうじん》すべきである事を忘れてはなりません。

㈡ 行の実践上の注意

⑴「行」に入る時、酒気を帯びないこと。

⑵ 眼鏡、腕時計、宝石入指環等、行の邪魔になる様な物は予め取り外すこと。

⑶ 道場の入口で合掌立礼して入り、座に着いたら御法座《ごほうざ》（または曼荼羅《まんだら》、御神影《ごしんえい》）に向かって、二柏一礼をしてから閉目合掌すること。

(4) 楽な気持ちで坐り、手足や身体の動きに対し逆《さか》らわぬこと。

(5)「終り」の合図があったら、その場で一礼して座を立ち、出口で再び合掌立礼をして出ること（道場の場合）。

(6)「行」中の動きや手印その他の現象に関し、殊更その意味を知ろうとせんさくする必要はありません。必要なことならいずれその中に神よりそれを教えられます。

(7)「行」はその内容を濫《みだ》りに他に口外すべきでなく、自ら深く味わう様努めることです。

(8) 師より許しを得ない中は、自宅での独り行は固く禁じられています。行の乱れがおこり易いからです。

(9)「行」中、神示の如きものを聞いたり、自己の口を通して語らされたりすることがありますが、自己の潜在観念《せんざいかんねん》が多分に混入していることが多いので、それに執《と》われないことです。

⑽「行」により生ずる現象は、各人の過去世以来の修行、身心の状態等色々の条件によって百人百様に異なるので、他人の「行」と比較することは無意味であります。また現象が早く出たから良いということもなく、感応が強いから優れているということもありません。要は黙々と自分の「行」を行ずることです。

(ホ) 行と日常生活

「正座観法行」による功徳は前述の様にまことに広大無辺ともいえますが、だからといって「正座観法行」さえしていれば、日常生活において何の努力もいらないのだ、という訳のものではありません。

本来、日常生活そのものが、朝起きてから夜寝るまで、四六時中すべて修行の連続で、蒲団のあげ下しから、掃除、洗濯、炊事、日常の起居振舞い、礼儀作法、言葉遣い、或は職場の仕事、家庭や仕事場での対人交渉等々、何もかも修行といえないものはありません。

この日常生活で、私達は絶《た》えず大小の失敗をし過ちを犯し、自然の理法から外れた行動をしがちであり、時に自分のそうした過ちすら気づかずにいる事が多いのです。こうした知らずに犯している小さな過ちの積み重ねが、いわゆる「業《ごう》」として私達の霊体を汚し、心に偏《かたよ》りを作る因《もと》ともなって行くものなのです。

勿論、「正座観法行」をやっておれば、行中にその汚れがある程度浄められ、「業」が祓われて行きますが、一方、日常生活で自ら反省をし、その過ちを正して行く努力がやはり人格完成に欠《か》くことの出来ない大事なことであります。そうした日常生活での小さな悟りの積み上げが、「正座観法行」による功徳と相まって自己を完成へと高めて行くことになるのです。

そこで、注目すべきことは、「正座観法行」をやっていますと、日常生活での反省がより広く行き届き、またより深くなり、これまで気づかずにいた様な事にもよく気づく様になることです。その上、「行」を続けて行くうちには前にも述べた「境地転換」という様なことがおこって、日常における感じ方、考え方、行い方が飛躍的に改善され、人生観も変るという様なことが起こります。

一方また、日常に小さな悟りを積み重ねる努力がなされて行くと、それが即「行」にも反映し、「行」の段階を高め、その境地を深めるのに大きく寄与《きよ》することになります。この様にして、「行」と「日常生活での努力」とは相補い且つ助け合って、人格および霊格を向上させて行くのです。

中にはまた、「行」が楽しくてしょうがないという気持ちから、自分の仕事或は家業を放擲《ほうてき》してまで「行」に偏する人がありますが、これも正しい修行の態度ではありません。日常生活もまた「修行」であると分れば説明を要しないことです。

仕事を終えた上で、或は仕事に差支えない様に時間の都合をつけた上で、「行」に励むのが望ましいのです。しかし、その様な心掛けでおれば、自然に「行」をするための時間は出来てくるもので、逆に、仕事が忙しくて「行」をする暇がないというのは、真剣に「行」をしようという意思が欠けていると見なされても仕方がないことです。

五、祈願行（大玄聖人のおことば）

祈願行は、自ら願意を述べる行ですから現象は出ないはずです。正座観法行は神に導かれる行で、現象はあって当然ですが、それは過程として出るのであって、目的は人間完成にあるので現象に捉われてはならないのです。他と比較する動きがあるとすれば、目標を教主に置いていないことになるのです。

祈願行は、教師と共に祈りのことばをあげてこそ意味があります。後から入っては意味をなさず、お参りに留まってしまいます。但し、教師が配慮し遅れて入ることを許すのであれば意味をなしますから、遅れても来ることです。祈願行に参加できない人は、その後に行われる座談会に参加するだけでも良いのです。もし、来ることができない時は、その旨をきちんと連絡することです。

地方の方々は正座観法行をする機会がほとんどありませんが、祈願行で願いごとを叶えられるようになります。ただ安心を得たい、幸せになりたい、喜びが得られたらという気持なら、祈願行だけで叶えられます。

祈願行は、利他の祈りを原則とします。念ずることによって、我神と共にあり、の意識を高めて行くことになります。祈願行では、祈り、実践し、結果が出たことを神と語り合う積極的前進の場です。祈願行と正座観法行を修すれば、悩みがあるはずがありません。

正座観法行を受けるに超したことはありませんが、祈願行に参加することです。祈願行に参加出来ない方は、一人でもいいから暇を見て祈ることです。誠なる祈りである限り、皆さんの願いは聞き入れられます。正座観法行があるのに祈願行を編み出し、祈願しろと言った理由は、お願いがあれば自分で願って、自分の手で勝ち取るようにしなさいということで、祈願行の意義は深いということを皆さんに示したと言ってもよいのです。

見るところ、手を合わせて我神と共にありと唱え、ただ眠るようにしていればよいといった気持で続ける人が多いように見受けられます。折角時間を費やしてお願いするからには、自分のことについて真剣であるばかりでなく、多くの人の幸せを願うぐらいの気持で祈願行を続けて来たとすれば、その間いろんな結果が出て来たと思います。

教師の指導を受けられない人は、朝起きて床の上でもよいし、夜寝るとき横になる前に三分でも五分でもよいからお祈りをすることです。時間のない人でも、入浴の時間なりトイレに入る時間はあるはずです。その時に念ずることです。地方の信者が、心から念じた場合、すぐ私に通ずるのです。

名前を知らなくても顔が写ります。どのような祈りをしているか、或は病気で苦しんでいるか祈る人の念が通じます。これはチャンネルを合わせた場合です。祈りは、あなた方の所願成就法ですから、東京へ電話をかけるにしても時間がかかり、金がかかります。この場で念じようという気持で念じてみることです。これは試しにやってみなさい。必ず効果があります。疲れている時ほど祈願行に出ると、すっきり疲れが取れます。

酒好きな人が祈願行に参加して、酒が飲めなくなったと言います。過般、札幌に行った時、ある婦人から〝私の主人は酒好きで非常に困っています。何とか治して下さい〟という願い出がありました。それで、マジナイを教えてやったことがあります。その通りやったかどうか分かりませんが、私の立場としてはここが難しいのです。

〝祈願行に来てお祈りをしなさい〟と言えば、祈る対象は即私なのですから、信者でもなく、一面識もなかった人に対し、私の口から「私を祈れ」「私を拝め」とは言えません。そこで、ある術を持って、酒をやめさせたとすれば、行者まがいとしてとられることは間違いありません。そうすると、教えがそれだけマイナスになります。そこに難しい面があります。

これは、教師達がやることです。私は間断なく北海道へ行ったり、九州へ行ったりして皆を加護しています。時と場合によっては北海道、関西、九州へと同じ時刻に行くこともあります。そして集会の模様なり、教師の指導ぶりを見てまわることもあっていろいろと加護しているのです。

六、集会説法

一般に「密教」において「教え」を授けるのに事相《じそう》と教相《きょうそう》の両部門があり、事相は実践修行《じっせんしゅぎょう》の面をいい、教相は教理哲学《きょうりてつがく》の面をいいます。

大元密教では、事相を正座観法行、教相を集会説法によって示しており、この二つは車の両輪の様に平行して進まなくてはなりません。

即ち、「正座観法行」を実践することにより、密教的に、己れの体験を通して境地を開拓し、神を知り、神の教えを神より直接うけると共に、他方、顕教的に「集会説法」を通じ、教義の解説を聴き、己れの疑問を質し、また他の人の体験例を聞く等して、さらに「教え」の理解を深めることも、欠く事の出来ない大切な事であります。

特に、「正座観法行」を始めて初期の段階では、「行」中の動きや現象に捉《とら》われ易く、疑問や疑惑をいだきがちであり、この「行」や「教え」そのものがこれまでに類を見ないだけに理解しにくい点も多々生じることと思われますので、努めて「集会説法」に出席し、お話を聴き、その疑問を解く積極的な努力が望ましいのであります。

密教は「神自らの教え」だから「行」さえしておればよいのだという考え方は正しくありません。顕教的な面を充分採り入れて、顕密両面平行してこそ正しい修行の態度というべきであります。

七、信　仰

一般に「信仰」というと、お宮やお寺に詣り、或は教会に通い、或は行者や呪術師《じゅじゅつし》の門を叩き、手を合わせて神仏を拝んだり、ノリトやお経、聖書を読み、讃美歌を歌い、或は唱題や念仏を唱える事だと、考えている人が多く、しかも、それにより病気平癒や商売繁昌等の現世利益を得ようという目的の人が大部分の様ですが、こうした間違った信仰のため、どれだけ世の人々が迷いを深めている事か、まことに情ない実情であります。

真の「信仰」とは、

「神の教えを正しく認識してこれを行う誓いである」

という定義の許《もと》に、まづ神を知り、神の教えを知り、そしてこの神の教えを正しく認識して行うことであります。

「神の教え」とは一口にいいますと「啓示」であります。しかし、この啓示とは、神《かみ》懸《がか》り的な霊媒《れいばい》現象的なものをいうのではありません。森羅万象一切が神の教えでないものはありません。眼で見るもの、耳で聞くもの、即ち、五感六識に触れるもの、ことごとくが神の教えであります。いわば私達は神の教えの中に生きているのであります。

しかし、私達にはその神の教えを正しく認識するだけの力と智が乏しいのです。そこで正しく認識すべく努力すると共に、正しく認識させてくれる様願うのであります。そして、正しいものと、正しくないものをふり分け、正しいことは行い、正しくないことは行わないと、己れの心を通じて誓うことが「信仰」であります。この場合、如《い》何《か》にして神を知り、神の教えを正しく知るかが問題ですが、まず良い師を得ることです。その師の指導の許に修行すること、それ以外にありません。

世間には、水をかぶり滝に打たれ、或は、断食や色々の苦行を重ね、或は読経三昧の行をして啓示を求める人がいますが、そんな事で正しい啓示が得られることは稀であります。

大元密教は「神自らの教え」でありますから、大神に帰依《きえ》する事によって神の教えを知ることが出来、これを正しく判断する智慧、即ち悟りを開くことによって信仰の目的を達し、その姿その儘で神の境地を自分の境地とすることが出来るようになるのであります。

(イ) 正しい信仰

世間には、実に色々な信仰をしている人がありますが、その信仰が果たして正しいかどうかとなるとなかなか問題であります。

中には、その信仰のため、ますます日常生活に迷いを作り、揚句《あげく》の果ては判断に苦しんで易者《えきしゃ》や行者《ぎょうじゃ》の門を叩くといった人も少なくありません。これは正しい信仰を持たない証拠です。

また、ただ、病気が治ればよい、商売が儲かればよい、といった様な、醜《みにく》い我欲からする信仰も正しい信仰とはいえません。

また、生業をおろそかにし、朝から晩までお題目《だいもく》を唱え、念仏三昧に暮れ、お経と首ったけと、いったようなことも間違いであります。

或はまた、形式に執《とら》われ、他を傷つけて平気でいる様なことも正しい信仰ではありません。

正しい信仰とは、まず自分を造り上げることから始めるべきです。そして自分の境地が高まり清められ、自分自身が自覚し、そして人がこれを認めてくれる様になることです。まず自分が救われることであり、また他人に良い影響を及ぼす信仰でなければなりません。結論的には、自分も他人も共に救われ、人のため、世のためにプラスする信仰が正しい信仰といえるのです。

世の多くの宗教が真の神の道を知らずに千遍一律、因縁《いんねん》がどうの、供養《くよう》がどうの、布《ふ》施《せ》がどうの、と金取り主義の営利企業体を夢みる限り世の中は明るくなりません。この様な宗数は世間の人々を迷わし毒するもので、正しい教えによる正しい信仰を身につけて、各人が自分自身を救う様にしなければなりません。

末法時代というべき現今、密教即「神自らの教え」が唯一の正法（正しい教え）であり、正しい信仰はこの正しい教えからのみ現われる事を覚らねばなリません。

(ロ)　信仰の対象（目標）

神の教えを正しく認識して行う誓いが信仰でありますから、その誓う相手即ち目標がなければなりません。

大元密教では、根本神である大元太宗大神《だいげんたいそうおおかみ》を信仰の対象《たいしょう》（目標）としております。即ち「大元太宗大神」は大宇宙を形成する根本力であり、森羅万象諸々の霊体の総合体である大元霊体であり、大自在力を具備した全智全能の「大御神《おおみかみ》」でありまして、万霊の神格化した神々仏菩薩は各々その眷族を引き連《つ》れ、自己の位に応じまた分野に従って、「大御神」に奉仕しておりますから、この「大御神」を拝めば一切の神仏に通ずるのであります。

さきに「神と人」の項で密教教主の御立場について簡単に触れましたが「密教」たり得る絶対条件は、教主の御存在に関わるものです。教主の御存在なくして「密教」は成り立たないものです。即ち根本大神の持っているすべてのものを身につけて、人としてこの世に顕われたのが密教教主でありますから、教主の御神格は根本神と同格であります。それ故、信仰の対象が「大御神」であるということは、とりもなおさず教主尊師に帰依《きえ》し、頂礼《ちょうらい》することに他なりません。

ちなみに、密教における教主は、衆生はもとより、神々、仏菩薩およびその諸眷属、並びに諸霊をも教化済度の対象とするものであります。即ち密教教主は、一切を教え導き、一切を支配する立場にあって、本来は「教王《きょうおう》」なる語を用うべき御存在であります。それ故、人間教主尊師に帰命《きみょう》することが、即ち大神教祖神に帰命することになるのです。

しかし、銘々の方に縁の深い神なり仏なりがあることも事実ですから、この神仏を拝むことも自由です。たとえば浅草に行って観音様を拝むことも、成田に行って不動明王を拝むことも結構ですすし、皆さんのお宅に仏壇を設けてあれば、その霊を拝むことも良いでしょう。一般の方は特定の神を拝むことを信仰だと思い、拝む神様に捉われてしまって、私は聖天様を信仰しているので他の神様を拝まないのだとか、或は地蔵様を信仰しているので観音様を信仰しないとか申していますが、拝む対象を求めて迷うことはよくありません。

しかしまた、特定の神仏以外の神仏を拝んで悪い訳もありません。多くの神を信ずる事が、一つの神を信じる事にもなります。一神即多神であり、多神即一神でありますから、どの神を信ずる事も自由です。

(ハ) 信仰の実践

正しい信仰を知り、信仰の対象が決まれば、信仰の実践は自づから簡単であります。まず、良師に遭り遇い、その師に全てを委ねて随《したが》うことであります。即ち師の命に従うことであり、師の御教えを細大漏らさず我が身に取り入れるべく精進努力することであります。

それには心から師に仕え、心から師を敬い、心から師に従うことによって、師の薫陶をうける事で、それにより知らぬ間に実践の効果があがるのであります。

信仰する人にとって大切な原則は、一に修行、二に思惟《しい》、三に忍従《にんじゅう》であります。

修行の手段方法は、民族の嗜好《しこう》によっても相違し、また習慣によっても異なりますが、その目的とするところは何れも試練であり、錬磨であるに他なりません。

この試錬乃至錬磨の結果が良い方向に向かえばよいのですが、中にはその内容が人間社会にマイナスする様なこともありますから、信仰し実践する人には特に注意する必要があります。

この様に色々な方法と色々な角度から修行するのでありますが、独りでする修行は良い結果を得ることが稀《まれ》でありますから、良い師の許で修行するのが最上であります。

そうしてこの修行によって生じた現象をよく考え、よく味わい、その上で正しいと思った場合、一路前進することによって、実践行の目的達成が出来るのであります。

八、人間

前にも述べました様に、地球上の人間の始まりは、人類学者にも生物学者にも誰にも解明出来る事ではありません。しかし、神のお示しによれば、地球上に高等動物の胎頭《たいとう》し始めた時代に、まず母胎《ぼたい》なるべき雌《メス》的生物が大自然の動きによって地上に発生し、それに聖なる精霊気《せいれいき》が宿って、ここに人類の祖先が出現したとしております。そしてその人間像が肉体であり、精霊気が霊体であり、肉体と霊体が表裏一体となって活動しながら、大自然の法則によって肉体は成長し老いて死に到ります。この場合、死によって肉体なる人間像は物質として大自然に還元しますが、精霊気である霊体は滅することなく大自然に存在し、ある期間待機して後、再び人間界に再生し、色々な経験を積むべく人間修行を繰り返すのであります。この様にして、大自然を輪廻《りんね》し、人間界に転生《てんしょう》することを幾十百千万度か繰り返し、人間としての経験を集積し修行し、その使命と目的のために活動を繰り拡げて行くのであります。

そこで、人間は人間界で色々の経験を積むと同時に、霊界に入っては神秘不可思議な大自然の現象を体験して行く中に、人格霊格共に向上し、人間界において多くの人々を導き徳を積み、人々から敬われて神として祀《まつ》られ、霊界においても尊ばれて神格を備えるに到り、かくして霊界から上昇して神界にはいるのであります。

この神となられた方々も、さらに何回何十回となく人間界に転生降臨し、多くの真理を説き、且つ秘密世界の神秘を人間界に示現し賜いて人間界を啓蒙《けいもう》し、人間界の働きを洞察《どうさつ》して神界に帰られる、といったような循環《じゅんかん》をある期間続けるのです。そしてその使命を完全に果たし終えた時、循環の終止符を打ち、輪廻転生を脱し「根本神」の中に還滅《かんめつ》するのであります。

㈠　輪廻転生《りんねてんしょう》

輪廻転生の原則を時間的に見た場合、大体壱千日（約三年）を一つの契機《けいき》として転生するとされておりますが、勿論、人間界における活動の結実によって条件が違ってきます。即ち使命を果たしたかどうかによって、条件が変ってくるのです。或は早くなり或は遅くなりします。また人間界における人間の使命の他に、霊自体の迷いという事も関係して来ますので、死後の動きは一様でありません。

なお、転生の原則として

1、人間はあくまで人間界に転生するのであって、動物に生まれ変ったり、動物が人間に生まれ変るという事はありません。

2、男は男、女は女で、男が女に、或は女が男に生まれ変る事もありません。

3、霊界に人種の区別はなく、従って同一人種に転生するとは限りません。むしろ、経験を重ねる中に転生の範囲が拡がって行き、色々の国々、色々の人種に転生して行くのです。

(ロ) 使　命

人間は生まれては死に、死んでは生まれ変る度毎に、何かを経験し、経験したことを生かすべく約束づけられているのです。即ちこれまでに集積した経験をして、大自然界の動きと調和させて、人間界に貢献する様に自ずから役付けされております。この役割りを使命といい、この役割を果たすべく、人間は色々に活動を続けているのですが、実際には、大部分の人が自分の真の役割が何であるかを知らずして、道ならぬ道を歩み、迷いから業を作り、その業によって苦しみ、使命達成の妨《さまた》げとなる自分の行いに気づかずにいるのです。

　この様にして気づかなければ気づかないなりに一生を終えて、また次の世に持ち越して行くことになり、与えられた使命を果たすまで幾回となく転生を繰り返し、一つの使命を果たし得て始めて、次の使命に移ることになります。

この様に人間各々誰しも大なり小なりの使命を持って生まれて来ているのに、その使命を知らず果たすことをしないで一生を終わる人の多いのは、結局、真の自分自身を知らないからであります。自分を知らないから自分の行くべき道を知らないのです。

そこで、自分を知り、自分の進路を知るには、正しい信仰を持ち、神を知り、神の教えを受ける他ないのであります。即ち「神自らの教え」を受け「正座観法行」を修することによって、始めてこれが可能になるのであります。

かくて、自分の果たすべき使命を知り得たら、後は自らを正しく持《じ》し、水の低きに流れる如く、自然そのままに歩んで行くことです。人間の小さなはからいを捨て、一切を大自然の動きに任《ま》かすという境地で、即ち大神に帰依《きえ》して日常生活を行うとすれば、使命の達成されること間違いないのであります。

(八)　人格と神格

人間としての価値即ち良さを備えることを人格といいます。本来、人間は皆その人としての良さを備えているべきでありますが、人間としての使命の目覚めないため、数多くの輪廻転生を繰り返しても、なお迷いから目覚めることが出来ず、従って、人間としての良さを失い、修羅《しゅら》界、畜生《ちくしょう》界、餓鬼《がき》界、地獄界といった四悪道の境地に陥り、人の姿はしていても「人でなし」の存在になり下っている人が多いのであります。この様な人には人格というものは認められません。

これと反対に自分の使命に目覚め、人間としての良さを生かすべく、悟りの境地を目標に修行する人は、人としての格即ち価値を備えることになり、人格を得るのであります。

この様に人間として価値ある働きをし、人間界を終え霊界に行くことを繰り返して行くうちに、神界に引き上げられて、人間界において人格を備えた様に、神界においても、その存在が認められ、価値づけられ、格付けされる様になります。これを神格といい神となった証《しるし》であります。この様な神々を特に人格神と称し、自然神と区別します。

㈡ 人・霊・神

霊とは、生命力の有する経験の集積体をいいます。霊は人間の活動源であり、霊の働きによって人間は生きて活動出来るのであります。従って、原則として人と霊は一体といえます。人の在るところに霊が存在し、霊のないところに人は存在しません。しかし全体的には、人と霊は同数ではありません。生霊（生きた人間として肉体を持って活動している霊）と死霊（肉体を持っていない人間の霊）というのもこれによるのでありますが、霊界としては一つの世界であって別に区別がある訳ではありません。

そこで生きている人間においては、心と肉体が相関して一つになって働いているのですが、霊はその心の支配者の様なもので、霊の波長を心が受入れて肉体を動かすのであります。そしてその活動によって経験した事は心を通じ霊（霊体）の中にすべて集積されるのであります。従って死によって霊が肉体から離れた場合にも、その一生を通じての体験の記憶は霊の中に残り、幾十百千度の過去世の体験の記憶と一つの塊《かたまり》になるのであります。これを霊魂とも霊体とも称し、永遠に生き通しの実在といえます。

霊はさらに神の指導によって活動しているのでありますから、人はそれを自覚するとしないとにかかわらず、誰しも己れの本体ともいうべき霊（霊体）を通して神の指導を受けているのであります。

しかるに、神の指導を受けている筈の人間界にどうしてこう、現実世界に見られる様に、狂いが多く、人々の迷いが深いのでしょうか。

それは霊を放送局、心をラジオの受信機の様なものに考えて見て頂ければ容易に判《わか》る事だと思います。私達の心という受信機の機能が不完全であるため、霊という放送局から発せられる電波を、そのまま百パーセント受入れることが出来ず、そこに当然、ズレなり狂いが生じます。さらにその上、霊自身も過去幾百千回の人生体験を重ねて来た間に、数々の過ちや罪穢（つみけがれ）を積みこんで汚れきっているのが普通で、そうした霊の支配をうける心が正常に働かないのも当たり前です。従って、折角霊が神の指導を受けていても、人間である私達の心は必ずしもその指導通りに働かず、そこに間違いや狂いが生じ易いのであります。そして、こうした各人の心の偏《かたよ》りや狂いが、互いに働き合い、影響し合って、現在の人間世界の様な、一寸やそっとで救い難い程狂った世界を作り上げたといえます。

ここに、始めて「正座観法行」を修することにより、人の身心の機能がまず改善されると共に、霊体自身の宿業《しゅくごう》ともいうべき罪穢が洗い浄められて行きますから、霊と心が文字通り表裏一体となって働く様になり、従って神の指導がまた霊体を通して人にそのまま正しく伝わり、ついには人の心が指導する神と一つになって活動する様になるのも不思議ではありません。

(ホ)　生と死

私達人間は過去において幾回となく生まれ変り死に変りして今日に至っているので、生も死もまたそれだけ体験して来ている事は、これまでの事でお分りの事と思います。ただ、私共がこの世に生まれて来る時、新しい人生修行の邪魔《じゃま》になるというためでしょうか、過去世の記憶との通路が一時閉ざされているので、普通には、前世の事を憶《おも》い出す事が出来ないのです。最近では催眠術によって前世の記憶を引っぱり出す試みが方々で成功している様ですが、本教では「正座観法行」を修している間に、自分の前世の体験の一端を口で語らされたり、字《じ》で書かされたりした人も少なくありません。

まず、生は生殖的本能から雌雄の結合によって生ずるのでありますが、実際には、母親の胎内に宿って三カ月位して、霊の管理支配を受ける様になった時に始まります。それ故、受胎後三カ月以内は単に母親の胎内の肉塊に過ぎず、霊的には別個体をなしていません。

この管理者である霊が肉体から離れることが死であり、死によって肉体は土に還り滅しますが、霊は滅することなく霊界に残ります。

普通、私達は新しい生を慶《よろこ》び祝い、人の死を悲しみ哀悼《あいとう》しますが、己れの死となると、ただ恐ろしいもの、醜《みにく》いもの、苦しいものとして、これを嫌い恐れ、口にする事すら不吉とします。

しかし、生も死も、その実相と意義を真に知る人はまことに稀であります。

「神自らの教え」なるこの大元密教により、人は神によって、何かの使命を果たすべく約束づけられて、この世に生を受けている事が、明らかに示されたのでありますが、多くの人は神を知ることもなく、従って己れの使命を自覚する事もなく、徒《いたづ》らに迷い多い一生を送って、使命を果たし得ずして死んで行くのであります。そして、その間に幾多の心患や身病に心身を蝕《むしば》まれ、苦悩と不安と恐怖の中に死を迎え、その死に臨んでは虚空《こくう》をつかむ様な形相を呈し、醜い終焉《しゅうえん》の場を作り出し、地獄行きの相を現実において示すのであります。

しかし、本来死は決してこの様に恐いものでもなければ、醜いものでもありません。正しい信仰を持ち、神を知り得た人にとっては、死は美しく楽しい世界への旅立ちに過ぎず、事実、多勢の神々の出迎えを受けて、心安らかに安楽世界へ引取られて行くのであります。

人が神の子なる自覚に目覚め、人間界において清浄な生活をし、己れを正しく持してゆけば、神の子として神の御許に行けるのは当然であります。

九、涅《ね》槃《はん》（安楽世界）

仏教に「涅槃に入る」という言葉があります。死んでから行く世界だと思っている人が多い様ですが、「涅槃」は死とは必ずしも関係がありません。

自我意識の無い境地を無我といいますが、この無我の境地に入って静かに微動だにしない姿を定《じょう》といいます。この定に入った時の境地は口や筆ではいい表わせない程、静にして定であり、定にして静であり、世俗から離れて欲も何もなく、自分のことも念頭になく、しかも一切を観じながら、周囲のすべてが気にならない、といった心の静けさをいうのです。これをまた禅定ともいいます。

この禅定に入ってさらに悟りを開いた境地、これを涅槃といい、また安楽世界ともいいます。

この禅定にしろ、涅槃にしろ、欲から離れ、自我意識を捨てなければ、入れるものではありません。無私、無欲、無我の境地を経《へ》て始めて至るものであります。

昔から数知れない修行者が、この境地を求めて、或は難行苦行を重ね、或は坐禅三昧《ざぜんざんまい》に耽《ふけ》り、一生をかけてなお、禅定の境地の一端すら窺《うかが》い知り得た人は稀でありました。ましてや涅槃に入ることは至難中の至難といってよかったのであります。

しかるに、「神自らの教え」なる大元密教においては、正座観法行を修することにより、自然に己れの努力によらずして、雑念を去り無我の境地に入って行けるので、禅定に入る事も左程難しい事ではありません。のみならず、さらに、この様に我欲の無い浄らかな心になって始めて神の御教えが正しく受けられる様になり、真理を悟得して、その身そのまま、生きながらにして涅槃（安楽世界）に入る事すら出来る様になります。これを「即身成仏」といいます。

この時、人は一切の我欲我執を離れ得て、最早、心に何の不安も恐れも悩みも苦しみもなく、明日を思い煩うこともなく、その日その時、あるがままを神に感謝し喜ぶことが出来ます。そして、神を知り、己れを知り得た大安心の上に、己れのこの世にて果たすべき使命を覚って、安心立命の境地に住し、人々の怖れる死すら、ただ美しく楽しいものとして、安らかな気持で迎えられる様になるのであります。

かくて、最終的には、宇宙の根源にして、大自然力なる最深至高の大御神「大元太《だいげんたい》宗大神《そうおおがみ》」に完全帰依《きえ》し、宇宙一切の真理を正しく認識して是を行い、神は我れ、我れは神なる森厳微妙の入我我入即ち「神人一体」の境地に到達する事が出来て、神秘世界の大光明を得られる様になります。

これが修行の最終目標であり、この「神自らの教え」を受ける事によって、時間の差こそあれ、何人にも可能なのであります。

十、結　び

本書は手引き書の性質上、「大元密教《だいげんみっきょう》」の実践面ともいうべき「正座観法行」に重点を置いて解説し、他は御教《みおし》えの極く一端に触れるに止めました。本来、密教は、他の顕教的宗教と異なり、解説書なり教典のみで解ろうとする事は無理であり、「行《ぎょう》に始まり行《ぎょう》に終る」という位であります。従って、本書によって幾分なりと本教に関心を深められた方は、まず「正座観法行」を実践して頂く事です。そしてその「行」を通し、貴方自身の体験によって、神より直接の教えを受けられる事です。そうすれば、こんなにも素晴らしい世界があったのかと、貴方はこの教えを知り得た倖《しあわ》せと喜びを、心から神に感謝されるに違いありません。

そうした上で、さらに、この教えについて、深く学ぶには、本教団刊行の次の図書を参考にされることをお勧《すす》めします。

『正観《せいかん》』　月刊の機関誌で、教主尊師の御玉稿が毎号載せられていますほか、座談会の記録、体験談の発表など多彩な内容で、信者相互の交流の場を供しています。

『万朶集《まんだしゅう》』　教主尊師と門弟、信者との質疑応答を纏《まと》めたもので、密教修行者として必読の宝典です。

『仏陀の再現《ぶださいげん》』　一人の真言宗大僧正が正座観法行を八年間に亘《わた》って修した体験記です。

附録……大元密教入門案内（大元密教ホームページより）

一、入門

病気を治して貰うためにしろ、現世利益を授かり度いからにしろ、或いは真理を求め神仏を正しく知ろうという事が目的であるにしろ、縁あって来る方には誰方にも、大元密教は広く門を開いております。

別に面倒な手続きも要りません。直接、最寄の教会・布教所に気軽にお出で下さい。そして所定の入門手続きをなされればよいのです。

入門費としては特別に定めておりません。月一回の例祭、年三回の大祭を信者有志の奉納によって行なっておりますから、その時に感謝のしるしとしてお気持ちのままに奉納して頂ければ結構です。

なお、連絡および教義理解の徹底を計るため、入門と同時に、出来るだけ御都合の良い教会を選んで、そこに所属して頂く事にしております。修法と座談会の集りがそれぞれの教会で開かれるほか、家庭祭事、相談事等に応じますから、出来る限り所属教会を御活用下さい。

二、信者の組織

信者相互間の親和をはかり、併せて御教えをより深く理解し、各自の生活にそれを生かす目的で、男子会、婦人会、青年会がそれぞれ組織されており、入門と同時にその何れかに入会して頂きます。

それぞれの会は毎月例会を開くほか、種々の催しを致しますから、会員は出来る限りそれ等会合に積極的に参加して下さい。

三、儀式行事

イ、例祭　毎月

ロ、大祭　春季大祭　四月

開教記念祭　八月

年次大祭　十月

本教におけるお祭りの意義は特に深いのであります。即ち、私共が修行の上にまた、日常に御導きと御加護を頂いている大神を始め神々の御前に心からの感謝の意を表わし、併せて同信同行の有縁の方々が互いに親睦を深め、縁者たる自覚を高めることであり、決して形式的なものではありません。文字通り、大神の御前に神々と人と共に集い、共に歓び合う真の祭りでありますから、信者はこの祭日にだけは、万障を繰り合わせても参列するように心掛けて下さい。

特に三回の大祭は、小田原郊外の本部において、全国各地から参集の多数信者を混じえ、盛大且つ厳粛に執り行われますが、この日は模擬店、バザー、奉納演技等の色々の催しも賑やかに行われます。

ハ、家庭祭事

信者の希望により、結婚式、葬式、地鎮祭、お浄め、祈禱その他の家庭祭事を行います。

世の冠婚葬祭の儀式が専ら形式に堕し、真に神に通ずるものの殆ど無いといってもよい時、本教の祭事はすべて簡潔な中に実質的内容をもって、如実に神に通じ、それだけの裏付けのある、全く独特の有難いものであります。

四、誓

入信されてしばらくたって、信者としてこの御教えを信奉してゆく気持になられた方は、自発的に申し出て教団所定の「誓い」をされることになっております。

五、教えの戒め

国に法律あり、社会に秩序あり、そして個人に良識あれば、その上になお、戒律を設ける必要もないのであります。本教では原則的には戒律を設けておりません。しかし、自己の行いに責任を負う人物になれと教えております。無戒律中の戒律とでも申せましょう。しかし、責任を果たす人物になれるには、己れを持する道を得て始めて出来ることで、これもこの教えによって達成されるのでありますが、そうなるまでの段階において、次の三つの戒めを修行上心がけるべきものとして示しております。

一、教主指定の持斎日（毎月二十三日）には飲食を断ち、心身を浄め、神の御恵みに感謝し、断食によりて生ぜる財を貧しき者に施すこと

二、「煙草」は心身をけがし、卑しきものとして、神の忌み給うものなれば、絶対に用いざること

三、酒は過ちのもとなれば、つとめてこれを節し、道門に入る時は絶対に酒気を帯びざること

これらの戒めとて決して強制はしておりません。

「正座観法行」を行ずるうちに自然に出来るようになる事ではありますが、自分の心身の健康にプラスする事ですから、なるべく自発的にそう努めて欲しいものです。

六、正座観法行・祈願行

本部道場の正座観法行の修行日は、各大祭時（四月、八月、十月）、及び一月です。

この他各教会、布教所では、それぞれ修行日時を別に定めて祈願行をしております。

この他各教会、布教所でも、それぞれ修行日時を別に定めて正座観法行をしておりますか

ら御随意においで下さい。

七、集会説法

毎月の例祭、大祭、並びに各教会では修行日に祈願行の終了後、座談会を開き、教義解説、体験発表、質疑応答等活発に実施しています。

八、信者訓

一、信者は、神を信じ敬うこと絶対なること。
二、信者は、師を理解し、師を尊敬し、師のおことばに従うこと。
三、信者は、同信同行なれば、和して同ぜざること。
四、信者は、常に感謝の生活を続け、愚痴、不平を言わぬこと。
五、信者は、飲食を正し、教えの戒めを守ること。
六、信者は、礼儀を重んじ、服装を整え、言行を慎むこと。
七、信者は、和睦し、親しみをもって互いに許し合い、助け合うこと。

八、信者は、誠実を旨とし、直情径行たること。
九、信者は、中庸を道とし、左右何れにも偏せざること。
十、信者は、犠牲と献身的精神に基づく社会の奉仕者たること。
十一、信者は、日常生活を修行と心得、人格向上に精進すること。
十二、信者は、信仰に徹し、修行に励み、他人を導く人となること。

九、本部案内

所在　神奈川県小田原市早川一三七五番地の四一（一夜城址公園隣り）
交通　ＪＲ小田原駅下車　自動車で十五分
　　　ＪＲ早川駅下車　自動車で十分　徒歩三十分

十、教会・布教所

東京都内に数カ所他、全国主要地に多数の教会・布教所が在りますが、詳細はホームページ問い合せ連絡先、または78ページ全国教会名・住所をご覧下さい。

大元密教本部

〒250-0021

神奈川県小田原市早川一三七五番地の四一

宗教法人大元密教本部　事務局

0120-55-3290（受付十時〜十六時　フリーダイヤル）

ホームページ　www.daigen-mikkyo.or.jp

全国主要地にある次頁教会で修行と座談会、個人相談を行います。心身の改善や高度な境地を求める修行、人生相談をご希望の方は、右記の本部事務局（フリーダイヤル）までお尋ね下さい。ご質問については可能な範囲でお答えし、条件の整った方には最寄りの教会をご紹介します。

全国教会名	住所
■北海道	
札幌教会	北海道札幌市白石区菊水7条2—5—16
旭川布教所	北海道旭川市南3条通24—1013
岩見沢集会所	北海道岩見沢市3条東17—7
■東北	
岩手集会所	岩手県花巻市石鳥谷町好地7—2—16
福島集会所	福島県福島市宮代字樋の口12—84—7
■関東	
城南教会	東京都世田谷区東玉川2—14—6
武蔵野教会	東京都武蔵野市西久保3—13—2
荏原布教所	東京都品川区豊町4—6—11
城北布教所	埼玉県さいたま市浦和区神明1—8—21

中部

名古屋集会所　愛知県名古屋市天白区表山3－1602

金沢集会所　石川県金沢市兼六元町7－43

浜松集会所　静岡県浜松市中区葵西6－20－16

関西

神戸教会　兵庫県神戸市東灘区御影山手6－10－32

中国

山口集会所　山口県山口市小郡下郷2244

九州

福岡教会　福岡県福岡市南区多賀1－1－47

密教入門　聖なる道

平成二十九年五月三十一日　初版第一刷発行

編者　密教入門　聖なる道編集委員会

発行　日本密教文化社

発売　株式会社　世論時報社

印刷　株式会社　世論時報社印刷所

製本　田中製本印刷株式会社

落丁・乱丁本はお取替えいたします。